EDELVAN JOSÉ DOS SANTOS

Novena de Santo Agostinho

EDITORA
SANTUÁRIO

Direção editorial:
Pe. Fábio Evaristo R. Silva, C.Ss.R.

Coordenação editorial:
Ana Lúcia de Castro Leite

Copidesque:
Sofia Machado

Revisão:
Luana Galvão

Diagramação e capa:
Mauricio Pereira

Textos bíblicos extraídos da *Bíblia de Aparecida*, Editora Santuário, 2006.

ISBN 978-65-5527-153-9

1ª impressão

Rua Pe. Claro Monteiro, 342 – 12570-000 – Aparecida-SP
Tel.: 12 3104-2000 – Televendas: 0800 - 0 16 00 04
www.editorasantuario.com.br
vendas@editorasantuario.com.br

Santo Agostinho

Em 13 de novembro do ano 354, nasceu o filho primogênito de Patrício e Santa Mônica, Aurélio Agostinho, em Tagaste, uma cidade do Norte da África, dominada pelos romanos, na região onde hoje fica a Argélia. Sua mãe sempre procurou educar o filho na fé cristã, mas Agostinho, a exemplo do pai, não se importava com os princípios cristãos.

Mônica desejava, com fervor, que seu filho se convertesse a Jesus Cristo, mas compreendia que a hora de Deus ainda não havia chegado. Por isso adiou o Batismo de Agostinho, com temor de que profanasse o Sacramento.

Aos onze anos, ele iniciou seus estudos em Madaura, próximo de Tagaste. Ensinaram-lhe literatura latina e as práticas e crenças do paganismo romano, distanciando Agostinho ainda mais da doutrina cristã.

Com dezessete anos, foi para Cartago estudar retórica. Mesmo tendo recebido formação católica de Mônica, passou a professar o maniqueísmo, doutrina que enxerga o mundo apenas como o bem e o mal, negada intensamente pelos cristãos. Além disso, também se tornou seguidor do hedonismo, filosofia que tem o prazer como fim supremo da vida. Dois anos depois, passou a viver com uma prostituta, relacionamento do qual nasceu seu filho Adeodato, porém o casal separou-se após treze anos. Antes da conversão, Agostinho ainda se envolveu com outras mulheres.

Com o passar do tempo, tornou-se um reconhecido professor de retórica, levando-o a abrir uma escola em Roma, além de conseguir o posto de professor na corte imperial, situada em Milão. Desapontado com as contradições do maniqueísmo, familiarizou-se com o ceticismo. Nesse período, sua mãe mudou-se para Milão e desempenhou certa influência sobre seu comportamento.

Nessa época, também decepcionado com o ceticismo, Agostinho aproximou-se do bispo Ambrósio (Santo Ambrósio de Milão). No início, desejava apenas escutar sua retórica arrebatadora.

Mas, aos poucos, foi se convencendo da verdade sobre Jesus Cristo pelas pregações de Ambrósio, enquanto Mônica não desanimava de orar por ele.

Após ininterrupta procura pela verdade, Agostinho finalmente rendeu-se à coerência da mensagem de Jesus Cristo. Descobriu no Evangelho o que não descobriu em outras doutrinas e em nenhum outro mestre. Desse modo, ele e seu filho, Adeodato, com 15 anos, foram batizados em Milão pelo bispo Ambrósio, durante a Vigília Pascal.

Agostinho tinha evidente cuidado com Adeodato para formá-lo na fé cristã e nas ciências humanas, mas um grande sofrimento afligiu seu coração: o falecimento de seu filho. Por isso resolveu voltar para Tagaste. No regresso, sua mãe também veio a falecer. Agostinho narrou em seu livro "Confissões" a grandeza dos diálogos que tinha com Santa Mônica sobre a pessoa de Jesus Cristo e a magnitude da fé, decisivos para sua formação.

Após o sepultamento de sua mãe, continuou decidido a voltar para a terra natal. Juntamente com alguns amigos de fé, fundou uma comunidade monástica, cujas regras foram escritas por ele mesmo. Desse pequeno grupo, nasceram várias ordens e congregações religiosas, masculinas e femininas, seguidoras das normas e da inspiração agostiniana.

Ao perceber a forte inspiração que Deus depositou na alma de Agostinho, o bispo de Hipona convidou-o para acompanhá-lo nas missões e nas pregações. Como já era de idade avançada, observando a extrema sabedoria de Agostinho, o bispo ordenou-o como sacerdote, recebido com grande alegria pelos fiéis.

Em 397, depois da morte do bispo, o povo proclamou Agostinho como bispo de Hipona, o qual permaneceu fiel ao cargo por 34 anos. Durante todo esse tempo, ele espalhou sua sabedoria nas pregações, nos livros, na caridade para com os pobres, enfim, na espiritualidade profunda. Condenou heresias, tornou-se um dos mais importantes teólogos e filósofos da Igreja. Doutor da Igreja, Santo Agostinho faleceu no ano de 430, em 28 de agosto, data de sua festa litúrgica.

Mais tarde, em 725, seus restos mortais foram exumados e trasladados para a cidade de Pávia, na Itália, onde são venerados na igreja de São Pedro do Céu de Ouro. Entre suas obras, os livros de maior destaque são "Confissões" e "Cidade de Deus", livros autobiográficos que se tornaram best-sellers ao longo de vários séculos e até os dias atuais. Santo Agostinho é patrono daqueles que procuram Deus, das pessoas com doenças nos olhos e nos ouvidos, além de ser padroeiro dos editores, gráficos, filósofos, estudantes, professores e escritores.

Oração inicial

– Em nome do Pai, do Filho e do Espírito Santo.
– Amém!
– A nossa proteção está no nome do Senhor,
– que fez o céu e a terra!
– Ouvi, Senhor, minha oração!
– E chegue até vós o meu clamor!

– Vinde, Espírito Santo, enchei os corações de vossos fiéis e acendei neles o fogo do vosso amor. Enviai o vosso Espírito, e tudo será criado! E renovareis a face da terra! Oremos: Ó Deus, que instruístes os corações dos vossos fiéis com a luz do Espírito Santo, fazei que apreciemos retamente todas as coisas, segundo o mesmo Espírito, e gozemos sempre da sua consolação. Por Cristo, Senhor nosso. Amém!

Oferecimento da Novena: "És grande, Senhor, e infinitamente digno de ser louvado; grande é teu poder, e incomensurável tua sabedoria.

E o homem, pequena parte de tua criação, quer louvar-te, e precisamente o homem que, revestido de sua mortalidade, traz em si o testemunho do pecado e a prova de que resistes aos soberbos. Todavia, o homem, partícula de tua criação, deseja louvar-te. Tu mesmo que incitas ao deleite em teu louvor, porque nos fizeste para ti, e nosso coração está inquieto enquanto não encontrar em ti descanso. Concede, Senhor, que eu bem saiba se é mais importante invocar-te e louvar-te ou se devo antes conhecer-te, para depois te invocar. (...) Que eu, Senhor, procure-te invocando-te e te invoque crendo em ti, pois me pregaram teu nome. Invoca-te, Senhor, a fé que tu me deste, a fé que me inspiraste pela humanidade de teu Filho e o ministério de teu pregador". Amém!

(Santo Agostinho)

Oração final

Súplica a Santo Agostinho: Santo Agostinho, homem de dignidade, de amor zeloso e incansável, auxilia-me e defende-me da infelicidade, do perigo e da falsidade, concedendo-me a sabedoria, o discernimento, a calma e a presença do amor de Jesus Cristo. Não permitas que me afaste dos preceitos de Deus e de vosso amor infinito e supremo, que eterniza minha vida. Poderoso Santo Agostinho, abençoa todos aqueles que te procuram nos momentos de socorro, de desânimo e de insegurança (faça seu pedido, confiante na providência divina). Ó amado Santo Agostinho, Doutor da Igreja, realiza milagres em minha vida e na vida de minha família, em nome de Deus Pai Todo-Poderoso. Assim seja. Amém!

(Reze 1 Pai-nosso, 3 Ave-Marias e 1 Glória ao Pai)

"Senhor, graças te sejam dadas, excelso e ótimo criador e ordenador do universo, nosso

Deus. (...) Eu pecava em buscar em mim próprio e nas demais criaturas, e não nele, os deleites, as grandezas e verdades, por isso caía logo em dores, confusões e erros. Graças a ti, minha doçura, minha esperança e meu Deus, graças a ti por teus dons; que eles fiquem em ti conservados. Assim me guardarás também a mim, e aumentarão e aperfeiçoarão os dons que me deste, e eu estarei contigo, porque também me deste a existência." Amém!

(Santo Agostinho)

Em nome do Pai, do Filho e do Espírito Santo. Amém!

1º dia

O DIVINO AMOR

1. Oração inicial *(p. 8)*

2. Palavra de Deus *(Ef 2,4-8)*

Deus, que é rico em misericórdia, movido pelo grande amor com que nos amou, quando estávamos mortos por causa de nossos pecados, fez-nos reviver com Cristo. É por graça que fostes salvos! Com ele nos ressuscitou e com ele nos fez sentar nos céus, em Cristo Jesus. Quis assim mostrar, nos séculos futuros, a extraordinária riqueza de sua graça, manifestada em sua bondade para conosco, em Cristo Jesus. Foi por essa graça que fostes salvos, por meio da fé.

– Palavra do Senhor.

3. Reflexão

"Nosso repouso é nosso lugar. É para lá que o amor nos arrebata, e teu Espírito levanta nossa humildade para longe das portas da morte. A paz, para nós, reside em tua boa vontade. Os corpos tendem, por seu peso, para o lugar que lhes é próprio; mas um peso não tende só para baixo; tende para o lugar que lhe é próprio. O fogo sobe, a pedra cai. Cada um é movido por seu peso, e tende para seu justo lugar. O óleo, lançado à água, flutua; a água, lançada ao óleo, afunda. Ambos são impelidos por seu peso a procurarem o lugar que lhes é próprio. As coisas que não estão em seu lugar se agitam; mas, quando o encontram, repousam. Meu peso é meu amor; para onde quer que eu vá, é ele quem me leva. Teu dom nos inflama e nos eleva; ardemos e partimos. Subimos os degraus do coração e cantamos o cântico gradual. É teu fogo, teu fogo benfazejo que nos consome e nos eleva, enquanto subimos para a paz de Jerusalém celeste. Regozijei-me ao ouvir estas palavras: 'Vamos para a casa do Senhor!' – Ali nos há de instalar tua boa vontade, e não desejaremos nada mais do que permanecer ali eternamente." (Trecho do Livro *Confissões*, escrito por Santo Agostinho – Livro Décimo Terceiro – Capítulo IX – O Amor de Deus)

4. Oração final *(p. 10)*

2º dia

APRENDEI A FAZER O BEM!

1. Oração inicial *(p. 8)*

2. Palavra de Deus *(Tg 2,14-17)*

Meus irmãos, de que adianta alguém dizer que tem fé se não tiver as obras? Acaso esta fé poderá salvá-lo? Se um irmão ou uma irmã estiverem sem roupa e sem o alimento diário, e alguém de vós lhes disser: "Ide em paz, aquecei-vos e comei bastante" – sem lhes dar o necessário ao corpo –, de que adianta? Assim também a fé, se não tiver obras, está totalmente morta.

– Palavra do Senhor.

3. Reflexão

"Aprendei a fazer o bem, sede justos para com o órfão e defendei a viúva, para que a terra produza a erva tenra e as árvores cheias de frutos. Vinde e dialoguemos, diz o Senhor, e assim no firmamento do céu se ascenderão luminares que brilharão por sobre a terra. Aquele rico perguntava ao bom Mestre o que deveria fazer para ganhar a vida eterna. E o bom Mestre, que é bom porque é Deus, e não um homem como o rico o considerava, declarou-lhe: 'O que deseja conseguir a vida deve observar os mandamentos, afastar de si a amargura da malícia e da iniquidade, não matar, não cometer adultério, não roubar, não prestar falso testemunho, a fim de que se mostre a terra seca, geradora do respeito do pai e da mãe e do amor ao próximo'. – Tudo isso já fiz – disse o rico. – De onde vêm, pois, tantos espinhos, se a terra é fértil? – Vai, arranca os espessos emaranhados da avareza, vende teus bens, enriquece-te dando tudo aos pobres e possuirás um tesouro no céu; segue o Senhor se queres ser perfeito, junta-te aos que ele instrui nas palavras de sabedoria, ele que sabe o que se deve dar ao dia e à noite. Também tu o saberás, e eles se tornarão para ti luminares no firmamento do céu. Mas isso não se realizará se ali não estiver teu coração, e teu coração não estará onde não estiver teu tesouro – Assim falou teu bom Mestre." (Trecho do Livro *Confissões*, escrito por Santo Agostinho – Livro Décimo Terceiro – Capítulo XIX – Ainda a Terra Seca)

4. Oração final *(p. 10)*

3º *dia*

CONFIA NO SENHOR, NOSSA SALVAÇÃO!

1. Oração inicial *(p. 8)*

2. Palavra de Deus *(Is 43,1-3)*

Deus disse a Jacó: "Não temas; eu te resgatei, eu te chamei pelo nome, tu és meu. Quando atravessares as águas, eu estarei contigo: a correnteza não te afogará; quando passares pelo fogo, não te queimarás, a chama não te abrasará. Pois eu sou Javé, teu Deus, o Santo de Israel, teu Salvador".

– Palavra do Senhor.

3. Reflexão

"Quem me dera descansar em ti! Quem me dera que viesses a meu coração e que o embriagasses, para eu me esquecer de minhas maldades e me abraçar contigo, meu único bem! Que és para mim? Tem piedade de mim, para que eu possa falar. E que sou eu para ti, para que me ordenes amar-te e, se não o fizer, irar-te contra mim, ameaçando-me com terríveis castigos? Acaso é pequeno o castigo de não te amar? Ai de mim! Dize-me por tuas misericórdias, meu Senhor e meu Deus, que és para mim? Dize a minha alma: Eu sou tua salvação. Que eu ouça e siga essa voz e te alcance. Não queiras esconder-me teu rosto. Morra eu para que possa vê-lo para não morrer eternamente. (...) A quem clamarei senão a ti? Livra-me, Senhor, dos pecados ocultos e perdoa teu servo os alheios! Creio, por isso falo. Tu o sabes, Senhor". (Trecho do Livro *Confissões*, escrito por Santo Agostinho – Livro Primeiro – Capítulo V – Súplica)

4. Oração final *(p. 10)*

4º dia

A MESSE DO SENHOR

1. Oração inicial *(p. 8)*

2. Palavra de Deus *(Mt 9,35-38)*

Jesus andava por todas as cidades e aldeias, ensinando em suas sinagogas, pregando o Evangelho do Reino e curando toda doença e enfermidade. Vendo as multidões, teve pena delas, porque estavam cansadas e abatidas como ovelhas sem pastor. Disse então a seus discípulos: "A messe é grande, mas os trabalhadores são poucos. Por isso, pedi ao Senhor da messe que mande operários para sua messe".

– Palavra da Salvação.

3. Reflexão

"Senhor, assim como crias e concedes alegria e força, assim te peço que nasça da terra a vontade, e que a justiça lance os olhos sobre nós do alto dos céus, e que no firmamento brilhem os astros! Dividamos nosso pão com quem tem fome, acolhamos em nossa casa o pobre sem teto, vistamos quem está nu e não desprezemos nossos semelhantes! Quando tais frutos nascem de nossa terra, olha, Senhor, e diz: Isso é bom; faze que tua luz brilhe no momento oportuno. (...) De fato, as coisas antigas passaram, e eis que se fizeram novas; nossa salvação está mais próxima do que quando começamos a crer, a noite avançou e se aproximou o dia; coroas o ano com tua bênção; envias teus operários a tua messe, semeada pelo trabalho de outros operários, enviando-os também para outra sementeira, cuja messe será colhida no fim dos séculos." (Trecho do Livro *Confissões*, escrito por Santo Agostinho – Livro Décimo Terceiro – Capítulo XVIII – Meditação)

4. Oração final *(p. 10)*

5º dia

O AMIGO DE DEUS

1. Oração inicial *(p. 8)*

2. Palavra de Deus *(Jo 15,10.12-15)*

Jesus disse: "Se guardais meus mandamentos, permanecereis em meu amor, assim como eu guardei os mandamentos de meu Pai e permaneço em seu amor. Este é meu mandamento: que vos ameis uns aos outros como eu vos amei. Ninguém tem maior amor do que este: dar a vida por seus amigos. Vós sois meus amigos, se fazeis o que vos mando. Não vos chamo mais de servos, porque o servo não sabe o que faz seu patrão. Mas vos chamo de amigos, porque vos manifestei tudo o que ouvi de meu Pai.

– Palavra da Salvação.

3. Reflexão

"Bem-aventurado o que te ama, Senhor, e ama ao amigo em ti, e ao inimigo por amor a ti; só não perde o amigo quem tem a todos por amigos naquele que nunca se perde. E quem é este, senão nosso Deus, o Deus, que fez o céu e a terra, e os enche, porque, enchendo-os, criou--os? Ninguém, Senhor, perde-te senão o que te abandona. (...) Onde não achará tua lei para seu castigo? Porque tua lei é a verdade, e a verdade és tu mesmo." (Trecho do Livro *Confissões*, escrito por Santo Agostinho – Livro Quatro – Capítulo IX – O Amigo de Deus)

4. Oração final *(p. 10)*

6º dia

A LUZ DO ESPÍRITO SANTO

1. Oração inicial *(p. 8)*

2. Palavra de Deus *(At 2,1-4)*

Chegando o dia de Pentecostes, os apóstolos estavam reunidos no mesmo lugar. De repente, veio do céu um ruído semelhante ao de uma forte ventania e encheu toda a casa onde estavam. E apareceram-lhes línguas como de fogo, que se repartiam, pousando sobre cada um deles. Todos ficaram cheios do Espírito Santo e começaram a falar em outras línguas, conforme o Espírito lhes concedia se expressar.

– Palavra do Senhor.

3. Reflexão

"O que pertence a Deus, ninguém o sabe, a não ser o Espírito de Deus. 'Quanto a nós, diz ainda Paulo, não recebemos o espírito deste mundo, mas o Espírito de Deus, para que conheçamos os dons, que nos vêm de Deus.' E isso me fez perguntar: Posto que certamente ninguém sabe das coisas de Deus, com exceção do Espírito de Deus, como então nós conhecemos os dons, que nos vêm de Deus? Eis a resposta que recebi: As coisas que sabemos por seu Espírito, ninguém as sabe a não ser o Espírito de Deus. É, pois, justo que foi dito aos que falavam, inspirados pelo Espírito de Deus: 'Não sois vós os que falais' – e aos que obtêm seu saber do Espírito de Deus: 'Não sois vós os que sabeis'. – E com igual razão se diz aos que veem através do Espírito de Deus: 'Não sois vós os que veem'. Assim, em tudo o que vemos de bom pelo Espírito de Deus, não somos nós que vemos, mas Deus." (Trecho do Livro *Confissões*, escrito por Santo Agostinho – Livro Décimo Terceiro – Capítulo XXXI – A Luz do Espírito Divino)

4. Oração final *(p. 10)*

7º dia

JESUS CRISTO, O ETERNO MEDIADOR

1. Oração inicial *(p. 8)*

2. Palavra de Deus *(Fl 2,5-11)*

Tende em vós os mesmos sentimentos de Cristo Jesus: apesar de sua condição divina, ele não reivindicou seu direito de ser tratado como igual a Deus. Ao contrário, aniquilou-se a si mesmo e assumiu a condição de servo, tornando-se semelhante aos homens. Por seu aspecto, reconhecido como homem, humilhou-se, fazendo-se obediente até a morte, e morte de cruz. Por isso Deus o elevou acima de tudo e lhe deu o Nome que está acima de todo nome, de modo que ao nome de Jesus todo joelho se dobre nos céus, na terra e debaixo da terra, e toda língua proclame que Jesus Cristo é o Senhor, para a glória de Deus Pai.

– Palavra do Senhor.

3. Reflexão

"O verdadeiro mediador que tua insondável misericórdia enviou e revelou aos homens, para que aprendessem a humildade por seu exemplo, é esse mediador entre Deus e os homens, o homem Jesus Cristo. Apareceu como intermediário entre os pecadores mortais e o Justo imortal, mortal como os homens e justo como Deus. E, como a vida e a paz são a recompensa da justiça, pela justiça que o une a Deus, ele suprimiu a morte entre os ímpios justificados e quis compartilhá-la com eles. Foi revelado aos santos dos antigos tempos, para que eles se salvassem pela fé em sua paixão futura, como nós nos salvamos pela fé em sua paixão passada. De fato, só é mediador enquanto homem; enquanto Verbo não é intermediário, por ser igual a Deus: Deus em Deus e, ao mesmo tempo, Deus único. Como nos amaste, Pai bondoso! Não poupando teu Filho único, entregaste-o por nós pecadores! Oh! Como nos amaste! (...) Cristo morreu por todos, para que os viventes já não vivam para si, mas por aquele que morreu por eles. Eis, Senhor, que lanço em ti os cuidados de minha vida e contemplarei as maravilhas de tua lei." (Trecho do Livro *Confissões*, escrito por Santo Agostinho – Capítulo XLIII – Livro Décimo – Cristo, o Único Mediador)

4. Oração final *(p. 10)*

8º dia

CRISTO, O CAMINHO, A VERDADE E A VIDA

1. Oração inicial *(p. 8)*

2. Palavra de Deus *(Jo 14,5-9)*

"Senhor – disse-lhe Tomé –, não sabemos para onde vais; como podemos saber o caminho?" Jesus respondeu-lhe: "Eu sou o Caminho, a Verdade e a Vida. Ninguém chega ao Pai senão por mim. Se me conheceis, conhecereis também a meu Pai; desde agora o conheceis, porque o vistes". "Senhor – disse-lhe Filipe –, mostra-nos o Pai, e isto nos basta." Disse-lhe Jesus: "Filipe, faz tanto tempo que estou convosco e tu não me conheces? Quem me viu viu o Pai!"

– Palavra da Salvação.

3. Reflexão

"Imploro-te, Senhor meu Deus, qual o porquê disso tudo? (...) Assim falou-nos no Evangelho com voz humana, e a palavra ecoou exteriormente nos ouvidos dos homens, para que cressem nele, e o buscassem em seu íntimo, e o encontrassem na eterna Verdade, onde um bom e único mestre instrui todos os seus discípulos. (...) As lições da criatura mutável têm o único valor de nos conduzir à Verdade, que é imutável. Nela verdadeiramente aprendemos quando, de pé, ouvimo-la, alegrando-nos por causa da voz do Esposo, que nos reconduz àquele de quem viemos. Por isso ele é o princípio, pois, se ele não permanecesse, não teríamos para onde voltar de nossos erros. Quando voltamos de um erro, temos plena consciência dessa volta; e é para que tomemos consciência de nossos erros que ele nos instrui, porque ele é o princípio, e sua palavra é para nós." (Trecho do Livro *Confissões*, escrito por Santo Agostinho – Livro Décimo Primeiro – Capítulo VIII – A Verdadeira Luz)

4. Oração final *(p. 10)*

9º dia

JESUS CRISTO, O SENHOR DA ESPERANÇA

1. Oração inicial *(p. 8)*

2. Palavra de Deus *(2Cor 4,11.16-18)*

De fato, embora estejamos vivos, somos constantemente entregues à morte por causa de Jesus, a fim de que também a vida de Jesus se manifeste em nossa carne mortal. Por isso não desanimamos. Pelo contrário, embora nosso homem exterior caminhe para a ruína, o homem interior se renova dia a dia. Sim, a leve tribulação passageira nos obtém, além de toda medida, um peso eterno de glória. Pois não olhamos para as coisas visíveis, mas para as invisíveis; com efeito, as coisas visíveis duram pouco, e as invisíveis são eternas.

– Palavra do Senhor.

3. Reflexão

"Também eu pergunto: 'Onde estás, meu Deus? Onde estás?' – Respiro um pouco de ti quando minha alma se expande dentro de mim mesmo em gritos de exaltação e de louvor, verdadeiro canto de festa. – Mas ela ainda está triste, porque torna a cair e a ser abismo, ou melhor, porque sente que ainda é abismo. Minha fé, que acendeste à noite para conduzir meus passos, diz-lhe: 'Por que está triste, ó minha alma, e por que me perturbas? Espera no Senhor. Seu Verbo é uma lâmpada para teus passos. (...) Em nossa peregrinação, recebemos dele o penhor de já sermos luz; ele já nos salvou pela esperança e, de filhos da noite e das trevas que éramos, ele fez filhos da luz e do dia. Na incerteza da ciência humana, só tu és capaz de distinguir entre uns e outros, porque põe nossos corações à prova e chamas à luz dia e às trevas noite. Quem, senão tu, sabe nos distinguir? E que temos nós que não o tenhamos recebido de ti? Nós, feitos vasos de honra, fomos feitos da mesma argila que serviu para fazer os vasos de desonra." (Trecho do Livro *Confissões*, escrito por Santo Agostinho – Livro Décimo Terceiro – Capítulo XIV – Esperança)

4. Oração final *(p. 10)*